BEI GRIN MACHT SICH IHR WISSEN BEZAHLT

Selina Hartmann

Literatur der Enkelgeneration: Tanja Dueckers - Himmelskörper

GRIN Verlag

Bibliografische Information der Deutschen Nationalbibliothek:

Die Deutsche Bibliothek verzeichnet diese Publikation in der Deutschen National-
bibliografie; detaillierte bibliografische Daten sind im Internet über http://dnb.d-
nb.de/ abrufbar.

Impressum:

Copyright © 2005 GRIN Verlag GmbH
Druck und Bindung: Books on Demand GmbH, Norderstedt Germany
ISBN: 978-3-638-93176-2

Dieses Buch bei GRIN:

http://www.grin.com/de/e-book/43784/literatur-der-enkelgeneration-tanja-dueckers-
himmelskoerper

GRIN - Your knowledge has value

Der GRIN Verlag publiziert seit 1998 wissenschaftliche Arbeiten von Studenten, Hochschullehrern und anderen Akademikern als eBook und gedrucktes Buch. Die Verlagswebsite www.grin.com ist die ideale Plattform zur Veröffentlichung von Hausarbeiten, Abschlussarbeiten, wissenschaftlichen Aufsätzen, Dissertationen und Fachbüchern.

Besuchen Sie uns im Internet:

http://www.grin.com/

http://www.facebook.com/grincom

http://www.twitter.com/grin_com

Johann Wolfgang Goethe - Universität

Hauptseminar: KJL als Medium zeitgeschichtlicher Erinnerungskultur

Wintersemester 2004/2005

Referatausarbeitung zu:

Literatur der Enkelgeneration

~

Tanja Dückers:

Himmelskörper

Verfasserin: Selina Hartmann

Inhaltsverzeichnis

1. Einleitung

In dieser schriftlichen Ausarbeitung des Referats „Literatur der Enkelgeneration: Tanja Dückers: *Himmelskörper*" beschäftige ich mich vor allem mit dem Aspekt der Kommunikation zwischen den drei, bzw. vier auftretenden Generationen innerhalb des im Jahr 2003 erschienen Werkes von Tanja Dückers.

Zunächst gebe ich einen kurzen Überblick über das leben der Autorin, den Inhalt und die Form, des Romans, um dann die autobiographischen Elemente im Werk zu untersuchen. Es folgt eine Analyse der intergenerationellen Kommunikation mit dem Schwerpunkt auf der Kommunikation zwischen den im Krieg aufgewachsenen Generation und der fragenden „Enkelgeneration".

Außerdem betrachte ich die Auswirkungen des Krieges auf die Gegenwart am Beispiel einer Romanfigur und gehe schließlich auf den Anlass der Nachforschungen und des Schreibens bei Erzählern und Autorin ein.

2. Autorin

Tanja Dückers wurde am 25. September 1968 in Berlin (West) geboren. Dort studierte sie Germanistik und Nordamerikanistik und hielt sich längere Zeit in den USA, Amsterdam und Barcelona auf. Heute lebt sie mit ihrem Mann in Berlin.
Tanja Dückers schreibt unregelmäßig journalistische Arbeiten für Zeitungen und Magazine, unter anderem für *Spiegel, Welt* und *Brigitte*. Ihr erstes Buch *Morsezeichen* (Lyrik) erschien 1996. Weitere Werke sind unter anderem *Fireman* (1996; englische Lyrik), *Spielzone* (1999; Roman), *Café Brazil* (2001; Erzählungen) und *Stadt Land Krieg. Autoren der Gegenwart erzählen von der deutschen Vergangenheit* (2004). Tanja Dückers erhielt bis 2005 ca. zehn Stipendien und mehrere Preise.

3. Inhalt

Die eineiigen Zwillinge Paul und Eva Maria, genannt Freia, wachsen bei ihren Eltern Peter und Renate am Berliner Stadtrand auf. Während der häufigen besuche der Großeltern Jo und Mäxchen stellen die Kinder immer wieder Fragen nach dem Krieg, bekommen jedoch nur unzureichend Antworten von den Erwachsenen. Mit zunehmendem Alter interessiert sich Freia immer mehr für die Vergangenheit der Familie und stößt schließlich bei der Wohnungsauflösung der Großmutter nach deren Tod auf eine Kiste, die neben mit Hakenkreuzen versehenen Gegenständen auch Hitlers Mein Kampf enthält. Durch diese Entdeckung gelangt Freia in Verbindung mit älteren Aussagen von Jo und Mäxchen, die beide im Alter aufhörten über den Krieg zu schweigen, zu der Einsicht, dass ihre Großeltern der Partei angehörten und Nazis waren.

Neben diesem Hauptthema geht es in dem mehrschichtigen Familienportrait *Himmelskörper* um die geschwisterliche Beziehung von Paul und Freia, die durch das Auftauchen des 17jährigen Wieland auf eine harte Probe gestellt wird, da sich sowohl Freia als auch Paul in den etwas gleichaltrigen Jungen verlieben.

Außerdem spielt die ehe der Eltern, in der Vater Peter immer wieder fremdgeht, eine Rolle; ebenso wie die auf Gewohnheit basierende Ehe der Großeltern, die zuletzt nicht nur separate Schlafzimmer, sondern auch getrennte Badezimmer und Kühlschränke haben.

4. Aufbau und Erzähltechnik

Himmelskörper ist das Buch, welches die Ich-Erzählerin Freia am Ende des Werkes ankündigt zu schreiben und kann somit als Autobiographie der Protagonistin bezeichnet werden.

Die Erzählzeit umfasst 311 Seiten, es folgt eine einseitige Danksagung der Autorin. Der Roman ist in 24 Kapitel unterteilt, die jedoch keiner chronologischen Reihenfolge unterliegen.

Die erzählte Zeit lässt sich nicht genau ermitteln. Die erste Erinnerung, von der Freia erzählt, spielt etwa in ihrem fünften Lebensjahr (ca. 1978). Ihre Ausführungen, die sie als Erwachsene macht, reichen bis in die3 Gegenwart (ca. 2003), als Freia zusammen mit ihrem Zwillingsbruder Paul beschließt, ein Buch über ihre Kindheitserinnerungen und den Umgang mit den Kriegserlebnissen innerhalb der Familie zu schreiben. Die eben genannte Szene in Kapitel 24 ist der eigentliche Ausgangspunkt des Romans und bildet die Erzählebene, von der aus sich Freia an ihre Kindheit, Jugend und das frühe Erwachsenenalter erinnert. Diese Erinnerungen halten sich wie bereits angesprochen an keine chronologische Reihenfolge. Kapitel vier von insgesamt 24 ist vermutlich dasjenige, in dem Freia am jüngsten ist; der Leser erfährt, dass sie noch lange Haare hat, die sie sich in Kapitel sieben, das in der chronologischen Reihenfolge auf Kapitel vier folgt, abschneidet und jetzt nur noch mit Glatze auftritt. Hinweise auf die Zeit des Erinnerten werden nur versteckt und nahezu nebenbei gegeben, sodass ein chronologisches Sortieren der Kapitel schwer fällt.

5. Autobiographische Elemente

Tanja Dückers' Roman Himmelskörper geht die Bemerkung voran, dass

„Namen, Gestalten und Begebenheiten [...] Erzeugnisse der Phantasie der Autorin (sind).
Es handelt sich nicht um Portraits realer Personen. Eventuelle Übereinstimmungen oder
Ähnlichkeiten mit Personen und Ereignissen sind rein zufällig"[1]

Auffällig ist, dass sich trotzdem Parallelen zwischen der Protagonistin Freia und der Autorin
finden lassen. Auch Tanja Dückers erhielt oft unwillige Antworten auf ihre Fragen nach den
Kriegserlebnissen der Familie, auch sie half bei der Wohnungsauflösung ihrer Großeltern. In
einem Interview, das sie kurz nach Erscheinen von Himmelskörper gab, berichtet sie:

„,Ich fand über Dokumente heraus, dass meine Tante und mein onkel[sic!]die ‚Gustloff'
um ein Haar verpassten und mit dem Mienensuchboot geflohen sind [...], aber nicht aus
dem Grund, den ich im Roman beschreibe.'"[2]

Außerdem hatte auch die Autorin eine sehr enge Beziehung zu ihrem zwei Jahre jüngeren
Bruder, die sich mit dem geschwisterlichen Verhältnis von Freia und Paul vergleichen lässt:

„Inzwischen seien sie befreundet, aber zwischen sechzehn und zweiundzwanzig habe es
eine Zeit gegeben, wo weder sie noch ihr Bruder eine längere Beziehung hatten. Sie fand
den Bruder am spannendsten. [...] Es fehlte nur die erotische Komponente."[3]

Zuletzt verweisen die Selbstmordopfer in ihrem Roman auf Tanja Dückers' Autobiographie.
In einem Interview mit Anne Kathrin Hahn erzählt die Autorin, dass sie die beiden besten
Freundinnen ihrer Mutter mit neunzehn Jahren das Leben nahmen und sich ein Jahr später der
Lieblingscousin der Mutter umbrachte, wie es auch durch Kazimierz in *Himmelskörper*
geschieht. Tanja Dückers' Mutter war durch diese Vorfälle lange Zeit selbstmordgefährdet,
hat aber einen weg aus den Depressionen gefunden. Tanja Dückers hat bezüglich der Mutter
„den Roman so laufen lassen, wie es auch hätte sein können."[4]

---

[1] Tanja Dückers: Himmelskörper. Berlin: Aufbau Taschenbuch Verlag GmbH 2004. S. 4
[2] http://www.titel-
forum.de/modules.php?op=modload&name=News&file=article&sid=529&mode=thread&order=0&thold=0
(Stand: Januar 2005)
[3] http://www.satt.org/literatur/04_02_dueckers.html *(Stand: Januar 2005)*
[4] Ebd.

5

6. Intergenerelle Kommunikation

Obwohl keines der Familienmitglieder gern Auskunft über seine Kriegserlebnisse gibt, unterscheiden sie sich in ihrem Verhalten gegenüber den Kindern:

6.1 Zwillinge und Mäxchen

Schon als kleine Kinder interessieren sich Freia und ihr Bruder Paul für die Vergangenheit der Eltern und vor allem der Großaltern. Immer wieder stellen die Zwillinge Fragen nach dem Krieg, bekommen jedoch nur unzureichende Antworten, wie sich beispielsweise bezüglich des amputierten Beins des Großvaters zeigt:

> *„Auf unsere neugierigen Fragen, warum Großvater denn so ein Schrumpelbein habe, bekamen wir immer die gleiche Antwort, nämlich, daß Großvater ,im Krieg' gewesen sie. Was das bedeuten sollte, wurde uns nicht klar. [...] Paul und ich waren uns nicht ganz sicher, ob ,Krieg' eher ein Ort oder ein Ereignis bezeichnete. Ganz sicher aber war Vollmond, als ,Krieg' passierte."*[5]

Die Tatsache, dass und wie Mäxchen sein Bein verloren hat, beschäftigt die Kinder lange Zeit. Aus Mangel an Wissen finden die Kinder ihre eigene Antwort:

> *„Wo war Großvaters Bein geblieben, nachdem es im ,Krieg' oder durch ,Krieg' verlorengegangen war? Manchmal, wenn Paul und ich auf der runden Mittelinsel des Bleichen Sees standen, suchten wir seinen Grund nach Großvaters Bein ab."*[6]

Doch anstatt den Kindern Auskunft zu geben, wie es sich tatsächlich zugetragen hat, lachen sowohl Mäxchen als auch die anderen Erwachsenen über die Theorien der wissbegierigen Zwillinge. Mäxchen ist schließlich derjenige, der die Kinder kurz vor ihrer Versetzung in die vierte Klasse zum ersten Mal mit einer Geschichte konfrontiert und gerät daraufhin in Streit mit der darüber erbosten Jo:

> *„,Ich hab ihnen mal wirklich was erzählt, Johanna! Von Hitler-Deutschland,. vom Russlandfeldzug, von meinen Erfrierungen, vom Wundbrand, vom Lazarett, von meinen Kameraden, die's nicht überlebt haben. Herrgott! Sie glauben immer noch, obwohl sie ab herbst in die 4. Klasse gehen werden, daß mir eine, was weiß ich ... [...] Riesenschlange oder so was das Bein abgebissen hätte!'"*[7]

Mäxchen ist damit der erste, der das Schweigen über den Krieg, wenn auch nur für kurze Zeit, bricht.

---

[5] Dückers, Himmelskörper. S. 78f.
[6] Ebd. S. 81.
[7] Ebd. S. 84f.

Als er ein Bienenvolk mit dem Nazi-Deutschland vergleicht, ist Mäxchen einige Jahre später auch der erste, der der jetzt ca. 18jährigen Freia Anstoß zu der Überlegung gibt, dass ihr Großvater ein Anhänger des Nationalsozialismus gewesen sein könnte:

> *"„Für mich sind die Kuckucksbienen die Juden im Bienenvolk. Sie bereichern sich an den Grundlagen, die andere Völker für sie geschaffen haben. Nutznießerisch. Berechnend. Aber eine starke Bienenkönigin [...] läßt die Kuckucksbienen natürlich verjagen."*[8]

Insgesamt spricht Mäxchen jedoch nicht oft vom Krieg, aber wenn er es tut, wird er sehr emotional:

> *„Er fluchte und schimpfte, er schüttelte den Kopf, bohrte seinen Zeigefinger in die Luft, entwarf wirre Topographien im Wohnzimmer, trommelte auf die Tischplatte. Manchmal standen ihm auch tränen in den Augen."*[9]

Unter dem Gesichtspunkt Kommunikation ist auch der Aspekt der Namensgebung interessant. Freia erinnert sich, dass der Großvater noch Maximilian genannt wurde, als er unter Hitler in den Krieg zog. Als beinamputierter Mann wurde er nach und nach Max, später Mäxchen. Seine fast kindliche Hilflosigkeit angesichts des fehlenden Beines findet auch in seinem Rufnamen Ausdruck.

6.2 Zwillinge und Jo

Als Freia und Paul noch lange Haare haben, flechten Jo und Renate den Kindern stundenlang Zöpfe; es entwickelt sich ein regelrechter Kult. Wenn Jo Freias Haare kämmt, erzählt sie der Enkelin von ihrer eigenen Kindheit. Diese kurze Zeit des Zöpfeflechtens ist jedoch die einzige, in der Jo über ihr Leben vor dem Krieg spricht; außerhalb dieser Zeiten schüttelt sie Aufforderungen, von früher zu erzählen, den Kopf *„und meint[e] nur dumpf: ‚Ach, darüber habe ich schon viel zu viel geredet. Lassen wir das.'"*[10]

Mit zunehmendem Alter werden Freia und Paul immer neugieriger, doch die Ermunterung zum Nachzufragen bleibt aus:

---

[8] Dückers, Himmelskörper. S. 187.
[9] Ebd. S. 97.
[10] Ebd. S. 62f.

„Der Lieblingssatz von Jo in diesem Zusammenhang war, daß ‚diese Dinge nicht so

einfach sind' und man da nicht so ‚einfach drüber reden kann wie übers

Mittagessen.'"[11]

Erst bei einem Gespräch nach Kazimierz' Beerdigung, als Freia und Paul 17 Jahre alt sind,

richtet Jo offene Worte an Freia, die jedoch, wie Freia später feststellt, nicht der Wahrheit

entsprechen:

„‚Freia, wir waren keine Nazis. Jede gewalttätige Ausschreitung haben wir abgelehnt.

Grob, furchtbar war das. Vulgär. Diese Horden, die da herumzogen. Widerlich.

Dieser Krach. Unser Umfeld war treudeutsch, aber nicht nazideutsch. Das war ein

großer Unterschied, müsst ihr wissen.'"[12]

Je älter die Großmutter wird, desto redseliger tritt sie auf. Nach ihrem Schlaganfall gfibt es

kaum ein anderes Thema als den Krieg für sie. Freia erinnert sich, dass

„Jo [...], die uns, als wir klein waren, vor Großvaters Erzählungen schützen wollte,

(sprach) später bei jeder sich bietenden Gelegenheit und schließlich, je älter und

dementer sie wurde, immerfort über den Krieg [sprach]."[13]

In ihrer Altersverwirrung scheint der Verdrängungsmechanismus gegen die Kriegserlebnisse

endlich zum Erliegen zu kommen: *„Je verwirrter sie in den letzten Wochen geworden war,*

desto mehr redete sie über den Krieg und ihre Flucht."[14] Jetzt beginnt Jo von den negativen

Dingen zu sprechen und redet nicht mehr im *„Plaudertonfall"[15]* von ihrer Flucht auf der

Theodor. Erstmals gibt sie zu, ein Parteimitglied gewesen zu sein, obwohl sie dieser Frage

früher immer ausgewichen ist oder sie gar mit nein beantwortet hat. Trotzdem reicht Jos

Erzähldrang nicht so weit, dass sie Freia die ganze Wahrheit sagen kann. Diese findet die

Enkelin erst nach Jos Tod in Form einer Kiste, die Erinnerungen der Großeltern an die NS-

Zeit enthält, unter anderem Hitlers *Mein Kampf.* Obwohl Freia immer nach der Wahrheit über

ihre Familie gesucht hat, ist sie jetzt, da sie sie gefunden hat, entsetzt und kann die

Prioritätensetzung bei der Flucht nicht nachvollziehen:

„Einen Moment hielt ich es (das Buch) fassungslos in den Händen. Sie hatten es nicht

nur besessen, sondern auch noch Anfang 45 vielen anderen Büchern vorgezogen und

auf die Flucht mitgenommen."[16]

---

[11] Dückers, Himmelskörper. S. 95.
[12] Ebd. S. 126.
[13] Ebd. S. 98.
[14] Ebd. S. 207.
[15] Ebd. S. 147.
[16] Ebd. S. 262.

Interessant ist, dass trotz der vielen fragen, die Freia und auch Paul stellen, keiner eine befriedigende Antwort gibt, sondern Freia selbige schließlich allein und ohne das Stattfinden einer intergenerationellen Kommunikation in einer verschlossenen Kiste entdeckt.

6.3 Zwillinge und Peter

Noch weniger Auskunft als von den Großaltern bekommen Freia und Paul von den Eltern zum Thema Krieg. Die Kinder sind verärgert darüber, dass *„die Erwachsenen [,...] gar nichts sagten wie Renate oder wie Peter einfach nur: ‚Könnt ihr nicht mal von was anderem reden? [...]"*[17]

Peter schneidet das Thema Nazi-Zeit nie an, jedoch nicht, weil er traumatische Erfahrungen gemacht hat, sondern weil er in dem bayrischen Dorf, in dem er zu Kriegszeiten mit seiner Familie lebte, kaum etwas von den verheerenden Auswirkungen des Krieges mitbekommen hat. Keines seiner Familienmitglieder musste in den Krieg. Das Äußerste, das Peter von den Ereignissen mitbekam, war eine Lebensmittelknappheit in den letzten Kriegsmonaten.

6.4 Zwillinge und Renate

Auch Renate spricht von sich aus nie vom Krieg und geht nicht auf die Fragen ihrer Kinder ein. Doch Renate ist nicht nur in Bezug auf ihre Kriegskindheit schweigsam, sondern wird von Freia generell als still und unzugänglich wahrgenommen. Die einzige Kommunikation zwischen Freia und Renate, bei der sogar ein ungewohntes Gefühl von Vertrautheit aufkommt, findet zu beginn von Freias Schwangerschaft statt, als die bereits allein lebende Tochter spontan beschließt, ihre Mutter zu besuchen. Sie sprechen über Renates Jugend, ihren ersten Kuss und die Begegnung mit Peter. Doch über ihre Kindheit im Krieg verliert Renate kein Wort. Trotzdem empfindet Freia diesen Abend, der jedoch keine Wiederholung findet, als sehr positiv.

Eine ähnlich vertraute Situation beschreibt die Ich-Erzählerin in Kapitel sieben, jedoch findet hier, während Renate Freias Haare flechtet, keine verbale Kommunikation statt. Trotzdem teilt sich die Mutter dem Kind ohne Worte mit:

> *„Wenn [...] Renate gar nicht aufhörte, meine Haare zu streicheln und versuchte, mit ihren Fingern statt einem Kamm den Scheitel zu ziehen, wenn ihre Finger nicht nur*

---

[17] Dückers, Himmelskörper. S. 82.

über meine Haare, sondern auch über meine Ohren strichen, dann wußte ich, daß

Peter zu oft nachts weggefahren und sie zuviel allein gewesen war. "[18]

Dass Renate als 5jährige der Familie das Leben rettete und nur durch ihren Einsatz eine Flucht auf der Theodor ermöglicht wurde, erfährt Freia erst mit Ende 20. Doch genau hier liegt einer der Gründe für Renates Schweigen: Als Renate, Jo und Lena die Theodor erreichen, ist das Schiff bereits belegt; es sollen keine Menschen aufgenommen werden, obwohl noch weitaus mehr auf Einlass warten. Es entscheidet sich zwischen renates Familie und Familie Hunstein, die ebenfalls aus Gotenhafen stammt. Jo erinnert sich, dass

„‚Frau Hunstein [...] da plötzlich neben uns (stand) ... ja, und dann mußte sich der Mann [...] entscheiden, die oder wir [...] Da rief Natilein plötzlich [...] ‚Die ham gar nich mehr den Gruß gemacht. schon ganz lange nich mehr.' Und Nati streckte ihren dünnen kleinen Arm sehr gerade nach vorn [...].'"[19]

Jo bezeichnet Renates Einsatz als Lebensrettung, Freias Mutter hingegen betrachtet ihn als Verrat an der Familie, deren Sohn Rudi in ihrem Alter war, und wirft sich bis zuletzt den wahrscheinlich eingetretenen Tod des Jungen vor.

Nachdem Jo Freia von dieser Begebenheit berichtet hat, erzählt Renate ihr von sich aus von ihren Gefühlen und erklärt der Tochter stockend, dass sie nicht über den Untergang der hell erleuchteten *Gustloff* hinwegkommt, während die Theodor die Flucht gut überstanden hat:

„‚Ich komme nicht darüber hinweg: Ich muß immer an die Festbeleuchtung denken. Als das Schiff unterging, ging überall das Licht an. [...] Freia, die Sirene ging plötzlich los, als das Schiff unterging. Und habe ich dir erzählt, daß [...] das erste Schiff am Unfallort keinen einzigen Schiffbrüchigen mitnehmen konnte? Habe ich dir das erzählt? [...]'"[20]

Es scheint, als würden die Erinnerungen jetzt nur so aus Renate herausbrechen, als würde sie endlich berichten wollen, wie es ihr als Kind erging. Doch als Freia sie auffordert, ihr mehr zu erzählen, scheint es, als wäre Renate durch diese Aufforderung aus einer Trance, in der es ihr möglich war, über ihre Vergangenheit zu reden, erwacht. Sie beendet das Gespräch, indem sie erklärt: *„‚Freia, ich spreche nicht gern.'*"[21] und bricht die einzige Kommunikation über den Krieg zwischen ihr und Freia damit ab.

---

[18] Dückers, Himmelskörper. S. 64.
[19] Ebd. S. 249.
[20] Ebd. S. 252f.
[21] Ebd. S. 253.

7. Auswirkungen auf die Gegenwart

Die Auswirkungen des Krieges sind besonders an renates Beispiel deutlich erkennbar. Sie hat sich zu einer Person entwickelt, die selbst von ihren Kindern als ausstrahlungslos und gar langweilig wahrgenommen wird:

> *„Doch meistens fand ich meine Mutter langweilig. Still, wie sie war, gab es keine Reibung, kaum Kontakt. [...] Manchmal, wenn meine Mutter regungslos im Wohnzimmer vor ihren Strohblumen stand, übersah ich sie schlicht. [...] Meine Mutter hatte ein enormes Talent im Nicht-anwesend-Sein entwickelt."[22]*

Doch hin und wieder bricht Renate aus ihrer Ordnung aus,. verschwindet bei einem Ponyreiten für mehrere Stunden oder fährt spontan nach Polen zu ihrem Lieblingscousin Kazimierz.

Ihr Schweigen und ihr unauffälliges Verhalten rühren möglicherweise von dem Wunsch, den Verrat an Familie Hunstein rückgängig zu machen, nie wieder derart aufzufallen und dadurch vermeintliche Schuld auf sich zu laden. Renate fühlt sich bis zuletzt schuldig am Tod der Familie Hunstein und spricht sich nach Kazimierz' Selbstmord deswegen gar ihre Recht zu leben ab: *„,,Manchmal frage ich mich nur, welche Lebensberechtigung ich eigentlich noch habe, wenn schon jemand, der nur Opfer war, sich später umbringt...'"[23]*

Die unangekündigten reisen können vermutlich als Fluchten vor der Vergangenheit oder sich selbst verstanden werden.

Bis zu ihrem Selbstmord kommt Renate nicht über den Untergang der *Gustloff*, auf der so viele Menschen umkamen, hinweg und sieht immer wieder die Bilder des mit Festbeleuchtung geschmückten Schiffes vor sich. Diese Erinnerungen sind der Grund für ihr fast tägliches Stehen am Fenster. Sie scheint im Sonnenuntergang eine ständige Wiederholung des Ereignisses zu sehen:

> *„,Ich möchte hier stehen bleiben und hinaussehen. Der Sonnenuntergang, wie er alles mit sich reißt. Dieses mörderische Rot, dieses verlogene Orange, das gierige Gelb. Jeden tag wird die Welt zertrümmert. [...] und immer wieder rinnt und tropft alles herab, glänzt auf, um stumpf und unsichtbar zu werden. immer wieder am Ende der Nacht!'"[24]*

Verarbeiten kann sie das erlebte nie und zerbricht schließlich an ihren frühen Kriegserlebnissen.

---

[22] Dückers, Himmelskörper. S. 15.
[23] Ebd. S. 303.
[24] Ebd. S. 253.

8. Anlass der Nachforschungen und des Schreibens

8.1 Freia

Während Freias und Pauls Kindheit werden ihre Fragen nach den Kriegserlebnissen der Eltern und Großeltern nur unzureichend beantwortet. Erst als Jo und Mäxchen alt werden, brechen sie allmählich ihr Schweigen. Trotzdem bleibt vieles ungeklärt. Als Freia schwanger wird, wächst ihr Bedürfnis, die Familienvergangenheit aufzudecken:

> „,[…] seitdem ich also weiß, daß ich selbst Mutter werde, muß ich sehr oft an Renate
> und auch an Jo denken. Es gibt so viel Ungeklärtes in unserer Familie, das mir
> plötzlich keine ruhe mehr läßt. Als hätte mit meiner Schwangerschaft eine Art Wettlauf
> mit der Zeit begonnen, in der ich noch offene Fragen beantworten kann … ich weiß
> auch nicht genau, woher meine Unruhe stammt … vielleicht ist es ein unbestimmter
> Drang, zu wissen, in was für einen Zusammenhang, in was für ein Nest ich da mein
> Kind setze …'"[25]

Nach dem Tod der Großmutter findet die mittlerweile ca. 27jährige Freia während Jos Wohnungsräumung endlich Antworten auf ihre Fragen.

8.2 Paul

Den Anstoß zum Schreiben von Pauls und Freias gemeinsamen buch gibt schließlich Paul, der sich mit zunehmendem Alter nicht so intensiv wie Freia um das Aufdecken des Familiengeheimnisses bemüht hat. Er hat im Gegensatz zu Freia noch nicht mit der Vergangenheit abgeschlossen und wird regelrecht von den allgegenwärtigen Erinnerungen gequält:

> „,Wir sind glücklich, aber trotzdem spüre ich den Sog der Vergangenheit einfach
> immer […]. Freia, immerfort, jeden Tag, wie […] so eine Art >kosmische
> Hintergrundstrahlung<. Etwas, das immer da ist.'"[26]

Für ihn stellt das buch, für das er den Titel *Himmelskörper* ausgewählt hat, eine Art der Vergangenheitsbewältigung dar: „,Ich möchte hier in Frieden leben und Jaques nicht immer mit unserer Geschichte belasten, und deshalb müssen wir dieses Buch schreiben, Freia.'"[27]

---

[25] Dückers, Himmelskörper. S. 26.
[26] Ebd. S. 316f.
[27] Ebd. S. 318.

12

8.3 Tanja Dückers

In dem bereits angesprochenen Interview mit Anne Kathrin Hahn erklärt Tanja Dückers, sie glaube, dass die 68er-Generation in ihrer Väteranklage stecken geblieben sei und wolle in ihrem Werk *Himmelskörper "die fragile Position dieser Generation zwischen den Stühlen darstellen."*[28] In einem anderen Interview mit Thomas Haberl äußert sich Dückers wie folgt zu dem Schreibanlass:

"„Man nimmt sich nicht einfach vor, denen zeig' ich es mal und schreibt dann 320 Seiten'. Das Thema habe sie eben gefesselt, außerdem sei sie auch persönlich durch ihren onkel[sic!] und ihre Tante mit dem Schicksal der „Gustloff" verknüpft. Dass sie dabei gleichzeitig mit einigen ärgerlichen Klischees (dem Klischee um ihr „Fräuleinwunder-Image", Anm. d. verf.) *aufräumen konnte, sei ein günstiger Nebeneffekt gewesen."*[29]

Der Aspekt der Vergangenheitsbewältigung spielte für die Autorin Tanja Dückers beim Schreiben von Himmelskörper also nur eine untergeordnete Rolle, obwohl auch sie wie Freia und Paul Verwandte hatte, die die *Gustloff* im damaligen Gotenhafen verpasst haben.

---

[28] http://www.satt.org./literatur/04_02_dueckers.htm

[29] http://www.titel-forum.de/modules.php?op=modload&name=News&file=article&sid=529&mode=thread&order=0&thold=0 *(Stand: Januar 2005)*

13

9. Schluss

Zusammenfassend lässt sich sagen, dass die Kommunikation zwischen den einzelnen Familienmitgliedern nicht nur den Krieg betreffend schlecht funktioniert. Bestes Beispiel für diese Tatsache ist wie in Punkt 6. angesprochen Renate, Freias Mutter. Doch auch die zwischenmenschliche Kommunikation zwischen den anderen Romanfiguren ist bis auf die Gespräche und die Einheit von Freia und Paul nur wenig ausgeprägt.

Peter lässt Renate oft allein, trifft sich mit anderen Frauen; Gespräche zwischen Renate und Peter finden in Freias Erinnerungen nur selten Erwähnung.

Auch Jo und Mäxchen haben sich mit de Zeit auseinander gelebt, was sich nicht zuletzt an ihren getrennten Schlafzimmern zeigt. Nur bei Gesprächen über ihre Flucht harmonisieren sie noch. Die übrigen wiedergegebenen Gespräche zwischen Freias und Pauls Großeltern können nur schwerlich als freundschaftlich oder gar liebevoll bezeichnet werden.

Freia hat anfänglich ein sehr enges Verhältnis zu ihrem Vater, der nicht nur für sie den Mittelpunkt der Familie darstellt. Während sie sich ihrer Mutter nicht anvertrauen möchte, führt sie mit ihrem Vater immer wieder nächtelang Gespräche über ihre Zeit an der Universität und andere einschneidende Erlebnisse. Doch auch diese Kommunikation bricht langsam ab, als Freia auszieht und nicht mehr bei den Eltern wohnt.

Einzig die Zwillinge Freia und Paul haben beispielsweise trotz der Krise durch Wieland immer stärker oder schwächer ausgeprägten Kontakt zueinander und führen intensive Gespräche.

Auffallend bei der intergenerationellen Kommunikation ist außerdem die Tatsache, dass sowohl Renate als auch Freia und Paul ihre Eltern meistens mit Vornamen und nur selten mit „Mama" oder „Papa" ansprechen. Dadurch wird eine Kühle spürbar, sie sich trotz der Familienkonstellation, bei der die Großeltern Freias vierköpfige Familie sehr oft besuchen und so der Eindruck von Nähe vermittelt wird, durch das ganze Werk zieht.

Abschließend lässt sich sagen, dass sowohl die Kommunikation zwischen den gleichen als auch zwischen den verschiedenen Generationen wichtiger Bestandteil von Tanja Dückers' Roman ist, wenn nicht gar der wichtigste überhaupt. Umso gravierender fällt auf, dass die Kommunikation nur unzureichend funktioniert, Fragen nicht beantwortet werden und eine nahezu ständige Distanz zwischen den Familienmitgliedern bestehen bleibt.

10. Literaturverzeichnis und Bildnachweis

- Dückers, Tanja: Himmelskörper. Berlin: Aufbau Taschenbuch Verlag GmbH, 2004.
- http://www.satt.org/literatur/04_02_dueckers.html *(Stand: Januar 2005)*
- http://www.titel-

  forum.de/modules.php?op=modload&name=News&file=article&sid=529&mode=thre

  ad&order=0&thold=0 **(auf www.titel-forum.de bei Suchtext „Dückers" eingeben,**

  dann auf „TANJA DÜCKERS IM PORTRÄT") *(Stand: Januar 2005)*

- Bild auf Seite 3: www.tanjadueckers.de *(Stand: Januar 2005)*